Selected Poems by Robert Burns

in

Chinese Translation

The Confucius Institute for Scotland
in The University of Edinburgh

Edinburgh University Press

Edinburgh University Press Ltd
22 George Square, Edinburgh

www.euppublishing.com

Typeset in 11/13.5pt Sabon
by Toppan Best-set Premedia Limited, and
printed and bound in Great Britain by MPG Books, Bodmin, Cornwall

A CIP record for this book is available from the British Library

ISBN 978 0 7486 4111 6 (hardback)

CONFUCIUS
INSTITUTE
FOR SCOTLAND

The Scottish
Government

THE UNIVERSITY
of EDINBURGH

Contents

Foreword

Scotland has a long and successful history of engagement with China. The University of Edinburgh, maintaining this tradition, is proud in particular to have among its graduates the first Chinese student ever sent overseas to Europe, Huang Kuan, who received his PhD in medicine from this University in 1857.

Today, the University hosts the Confucius Institute for Scotland. The Institute, which is supported by the Chinese and Scottish governments, promotes relations between Scotland and China in business, education and culture.

The work of Robert Burns, 'Scotland's favourite son' and national poet, was first translated into Chinese in 1909 by the poet Su Manshu and has been very popular in China ever since. Numerous poems by Burns have been translated into modern Chinese and are found in the school textbooks of young Chinese students.

In this special edition we collate the earliest and finest Chinese translations of Robert Burns's poems, published in the 1920s in the scholarly journal *Critical Review* (*Xueheng*). These translations by famous Chinese poets and translators aspire to render Robert Burns's poems in semi-classical Chinese verse, reflecting their genuine lyric style and romantic spirit.

The calligraphy is by the distinguished artist Zhang Chi from the Confucius Institute for Scotland, who has exhibited internationally and designed the calligraphies for the UK pavilion at the Shanghai Expo 2010.

This slim volume is presented as a token of the long-standing friendship between China and Scotland, and is a reflection of the two countries' common interest in, and love for, literature and poetry.

Professor Sir Timothy O'Shea
Vice Chancellor and Principal of the University of Edinburgh

涼風天未起引我
心向西西方有美人
我心最愛之

I Love my Jean

Of a' the airts the wind can blaw,
    I dearly like the west;
For there the bonie lassie lives,
    The lassie I lo'e best:
There wild-woods grow, and rivers row,
    And mony a hill between;
But, day and night, my fancy's flight
    Is ever wi' my Jean.

I see her in the dewy flowers,
    I see her sweet and fair;
I hear her in the tunefu' birds,
    I hear her charm the air:
There's not a bonie flower, that springs
    By fountain, shaw, or green;
There's not a bonie bird that sings,
    But minds me o' my Jean.

寄錦

涼風天末起。
引我心向西。
西方有美人。
我心最愛之。

其樹何離離。
其水何漸漸。
其間山勢何逶迤。
無晝無夜心魂馳。
馳去長隨伊。

我見伊帶露之花裏。
我見伊意甜甜復歡喜。
我聞伊鏗鏘鳥聲中。
我聞伊每傾我耳。
林泉有好花。
對花則憶起。
林泉有鳥聲聞聲則思矣。
云誰繫吾心。
伊人一而已。

吳芳吉譯

颖颖赤蔷薇首夏

初裁芭侧恻清商曲

眇音谅远姚

張弛書

A red, red rose

O my luve's like a red, red rose
  That's newly sprung in June;
O my luve's like the melodie
  That's sweetly play'd in tune.

As fair art thou, my bonie lass,
  So deep in luve am I;
And I will luve thee still, my dear,
  Till a' the seas gang dry.

Till a' the seas gang dry, my dear,
  And the rocks melt wi' the sun:
O I will love thee still, my dear,
  While the sands o' life shall run.

And fare-thee-weel, my only luve!
  And fare-thee-weel awhile!
And I will come again, my luve,
  Tho' 'twere ten thousand mile!

O my luve's like a red, red rose
  That's newly sprung in June;
O my luve's like the melodie
  That's sweetly play'd in tune.

我愛似薔薇

頎頎赤薔薇。
首夏初發苞。
惻惻清商曲。
眇音諒遠姚。

予美何天紹。
幽情申自持。
滄海會流枯，
相愛無絕期。

滄海會流枯，
頑石爛炎熹。
微命屬如縷，
相愛無絕期。

掺袪別予美，
離隔在須臾。
阿陽早日歸，
萬里莫踟躕。

蘇玄瑛 曼殊譯

憶昔俱年少上
長如登山而今人已
老返步應躊躕

張弛書於愛丁堡

John Anderson my Jo

John Anderson my jo, John,
   When we were first acquent;
Your locks were like the raven,
   Your bonie brow was brent;
But now your brow is beld, John,
   Your locks are like the snaw;
But blessings on your frosty pow,
   John Anderson my jo!

John Anderson my jo, John,
   We clamb the hill thegither;
And mony a canty day John,
   We've had wi' ane anither:
Now we maun totter down, John,
   And hand in hand we'll go;
And sleep thegither at the foot,
   John Anderson my jo!

白頭吟

約翰安德生。嗟我同心結。
憶昔初見爾。爾髮如鴉黑。
羨爾好眉宇。凝脂有光澤。
而今眉宇衰。爾髮如雪白。
雖則如雪白。古道照顏色。
約翰安德生。嗟我同心結。

約翰安德生。嗟我同心蓮。
憶昔俱年少。上長如登山。
逍遙幾暇日。在彼山之間。
而今人已老。返步應蹣跚。
願得雙攜手。山下共長眠。
約翰安德生。嗟我同心蓮。

吳芳吉譯

11

羣山興眾水環繞
蒙谷塞樹碧渡花
縈波清無泥沐

張池書於愛丁堡

Highland Mary

Ye banks, and braes, and streams around
   The castle o' Montgomery!
Green be your woods, and fair your flowers,
   Your waters never drumlie:
There simmer first unfauld her robes,
   And there the langest tarry;
For there I took the last fareweel
   O' my sweet Highland Mary.

How sweetly bloomed the gay green birk,
   How rich the hawthorn's blossom,
As underneath their fragrant shade
   I clasped her to my bosom!
The golden hours, on angel wings,
   Flew o'er me and my dearie;
For dear to me, as light and life,
   Was my sweet Highland Mary.

W' mony a vow, and locked embrace,
   Our parting was fu' tender;
And, pledging aft to meet again,
   We tore oursel's asunder:
But, oh! fell death's untimely frost,
   That nipt my flower sae early!
Now green's the sod, and cauld's the clay,
   That wraps my Highland Mary!

O pale, pale now, those rosy lips,
   I aft hae kissed sae fondly!
And closed for aye the sparkling glance
   That dwelt on me sae kindly:
And mouldering now in silent dust
   That heart that lo'ed me dearly!
But still within my bosom's core
   Shall live my Highland Mary.

高原女

群山與眾水。
環繞蒙谷塞。
樹碧復花繁。
波清無泥汰。
南風薰兮展裙組。
此地逍遙久容與。
在此曾為後會期。
與我高原故淑女。

赤楊花何艷。
山楂花何多。
相躲花陰下。
相倚在胸窩。
良時逝兮仙人徂。
中途歎息失儔侶。
誰為吾命與光輝。
只我高原故淑女。

叮嚀復抱腰。
臨歧重惻惻。
所誓再相歡。
誰知竟長別。
嗟命薄兮墮繁霜。
一枝名花早摧取。
剩茲宿草與寒泥。
掩我高原故淑女。

對語常相偎。
絳唇已慘綠。
注我好秋波。
而今雙閉目。
彼芳心兮親如許。
亦已消融作淨土。
惟吾中懷有永生。
生我高原故淑女。

吳芳吉譯

吾豈忘却老友永不挂
上心吾為茲別來許久矣
豪且進一杯酒

張弛書

Auld Lang Syne

Should auld acquaintance be forgot
   And never brought to mind?
Should auld acquaintance be forgot,
   And auld lang syne?

CHORUS
For auld lang syne, my jo,
For auld lang syne.
We'll tak' a cup o' kindness yet,
For auld lang syne.

And surely ye'll be your pint-stoup,
   And surely I'll be mine;
And we'll tak a cup o' kindness yet,
   For auld lang syne.
     For auld, &c.

We twa hae run about the braes,
   And pou'd the gowans fine;
But we've wander'd mony a weary fit,
   Sin' auld lang syne.
     For auld, &c.

We twa hae paidl'd in the burn,
   Frae morning sun till dine;
But seas between us braid hae roar'd,
   Sin' auld lang syne.
     For auld, &c.

And there's a hand, my trusty fiere!
   And gie's a hand o' thine!
And we'll tak' a right gude-willie waught,
   For auld lang syne.
     For auld, &c.

久別離

吾豈忘却老友。
永不挂上心否。
吾豈忘却老友。
自從別來許久。

為茲別來許久、我友。
為茲別來許久。
大家且進一杯酒。
為茲別來許久。

君今自盡爾酒。
我亦飲我所有。
大家且進一杯酒。
為茲別來許久。

昔曾同上山邱。
採彼山花如繡。
浪跡不辭倦遊。
此事別來許久。

昔曾同玩溪流。
自晨直玩到酉。
海聲入耳颼颼。
此事別來許久。

樽前且舉爾手、好友。
舉手盡爾所有。
大家痛飲一杯酒。
慰茲別來許久。

吳芳吉譯

藏廉釀得麥酒香阿

蘭與我共丰嘗良宵

和好友此樂世無雙

張弛書於愛丁堡

Willie brew'd a peck o' maut

O Willie brew'd a peck o' maut,
  And Rob and Allan cam to see:
Three blyther hearts, that lee-lang night,
  Ye wad na found in Christendie.

CHORUS
We are na fou, we're nae that fou,
  But just a drappie in our e'e;
The cock may craw, the day may daw,
  And ay we'll taste the barley bree.

Here are we met, three merry boys,
  Three merry boys, I trow, are we;
And mony a night we've merry been,
  And mony mae we hope to be!
    We are na fou, &c.

It is the moon, I ken her horn,
  That's blinkin' in the lift sae hie;
She shines sae bright to wyle us hame,
  But, by my sooth, she'll wait a wee!
    We are na fou, &c.

Wha first shall rise to gang awa',
  A cuckold, coward loun is he!
Wha last beside his chair shall fa',
  He is the king amang us three!
    We are na fou, &c.

將進酒

大家未進觴。 大家且進觴。
徒小飲。負韶光。
莫怕天雞聲唱曙色蒼。
夜有盡。興無量。

威廉釀得麥酒香。
阿蘭與我共來嘗。
良宵和好友。
此樂世無雙。

今夜繁宴會。 彼此快兒郎。
快兒郎。信郎當。
良宵幾度樂洋洋。
心事幾多興未央。
大家未進觴。 大家且進觴。

月兒光。 角兒旁。
窺人宛在天一方。
清輝何琅琅。 送我返田莊。
我欲長夜飲。 且駐莫行忙。
大家未進觴。 大家且進觴

誰先逃席遠颺。
定是懦夫無剛。
誰後座間醉倒。
是乃我輩中王。
大家未進觴。 大家且進觴。

吳芳吉譯

錦妮被雨零淋可憐

的身一身濕透無完

襟污了她的长裙

苏格蘭诗人彭斯诗 張弛書

Comin' thro' the rye

Comin' thro' the rye, poor body,
  Comin' thro' the rye;
She draigl't a' her petticoatie,
  Comin' thro' the rye.

CHORUS
Oh, Jenny's a' weet, poor body,
  Jenny's seldom dry;
She draigl't a' her petticoatie,
  Comin' thro' the rye!

Gin a body meet a body
  Comin' thro' the rye;
Gin a body kiss a body,
  Need a body cry?
    Oh, Jenny's a' weet, &c.

Gin a body meet a body
  Comin' thro' the glen;
Gin a body kiss a body,
  Need the warld ken?
    Oh, Jenny's a' weet, &c.

來來穿過麥林

錦妮被雨零淋。可憐的身。
一身濕透無完襟。
污了他的長裙。
來來穿過麥林。

來來穿過麥林。可憐的身。
來來穿過麥林。
污了他的長裙。
來來穿過麥林。

使我遇着卿卿。
來來穿過麥林。
使我吻着卿卿。
卿可待發嬌嗔。

使我遇着卿卿。
來來穿過溪濱。
使我吻着卿卿。
可令天地探聞。

錦妮被雨零淋。可憐的身。
一身濕透無完襟。
污了他的長裙。
來來穿過麥林。

吳芳吉譯

經年塵世況
超塵自古孤
高手纏毫一
小心如女道
同年行乞徽

張緒書

Ca' the ewes to the knowes

CHORUS
Ca' the ewes to the knowes,
Ca' them whare the heather grows,
Ca' them whare the burnie rowes,
  My bonie dearie.

As I gaed down the water-side,
There I met my shepherd lad:
He row'd me sweetly in his plaid,
  An' he ca'd me his dearie.
    Ca' the ewes, &c.

Will ye gang down the water-side,
And see the waves sae sweetly glide
Beneath the hazels spreading wide?
  The moon it shines fu' clearly.
    Ca' the ewes, &c.

I was bred up at nae sic school,
My shepherd lad, to play the fool,
And a' the day to sit in dool,
  And naebody to cheer me.
    Ca' the ewes, &c.

Ye sall get gowns and ribbons meet—
Cauf-leather shoon upon your feet,
And in my arms ye'se lie and sleep,
  And ye sall be my dearie.
    Ca' the ewes, &c.

If ye'll but stand to what ye've said,
Ise gang wi' you, my shepherd lad,
And ye may rowe me in your plaid,
  And I sall be your dearie.
    Ca' the ewes, &c.

While waters wimple to the sea,
While day blinks in the lift sae hie,
Till clay-cauld death sall blin' my e'e,
  Ye sall be my dearie!
    Ca' the ewes, &c.

牧兒謠

趕羊兒上山。
趕到山上草芊芊。
趕到山下水漣漣。
同我所心歡。

行行到水邊。
遇着牧羊男。
解衣溫覆我。
呼我是所歡。

上有榛樹盤。
下有澄波鮮。
水邊願去否。
月色正涓涓。

帶兒爾好刪。
鞋兒爾好穿。
且就吾腕睡。
永作我所歡。

告爾牧羊男。
行行從爾言。
解衣請覆我。
我將作爾歡。

自水赴海遠。
白日麗青天。
至我暝黃泉。
惟爾我所飲。

吳芳吉譯

31

我之心在高原兮

我心弗在北方逐

鹿無央

張弛書於愛丁堡

My heart's in the Highlands

My heart's in the Highlands, my heart is not here,
My heart's in the Highlands a-chasing the deer—
A-chasing the wild deer, and following the roe:
My heart's in the Highlands, wherever I go.

Farewell to the Highlands, farewell to the North—
The birth place of Valour, the country of Worth:
Wherever I wander, wherever I rove,
The hills of the Highlands for ever I love.

Farewell to the mountains, high cover'd with snow;
Farewell to the straths and green valleys below;
Farewell to the forests and wild-hanging woods;
Farewell to the torrents and loud-pouring floods.

My heart's in the Highlands, my heart is not here,
My heart's in the Highlands a-chasing the deer—
Chasing the wild deer, and following the roe:
My heart's in the Highlands, wherever I go.

高原操

我之心在高原兮。我心弗在此方。
我之心在高原兮。逐鹿無央。
逐野鹿。躡其麈。
心在高原隨我遊。辭高原。

別北土。
壯士是生兮、令譽之所。
隨我翺兮隨我翔。
高原之山永弗忘。

辭嵯峨之雪峯兮。
別葱仟之翠谷。
去斐披之密林兮。
違噴駛之鳴瀑。

我之心在高原兮。我心弗在此方。
我之心在高原兮。逐鹿無央。
逐野鹿。躡其麈。
心在高原隨我遊。

劉檏譯

別而暗牢獄我

生太不淑毒飛生

命盡前方之絞木

張池書於愛丁堡

McPherson's Farewell

Farewell, ye dungeon's dark and strong,
  The wretch's destinie!
McPherson's time will not be long,
  On yonder gallows-tree.

CHORUS
Sae rantingly, sae wantonly,
  Sae dauntonly gae'd he:
He play'd a spring, and danc'd it round,
  Below the gallows-tree.

O what is death but parting breath?
  On many a bloody plain
I've dar'd his face, and in this place
  I scorn him yet again!
    Sae rantingly, &c.

Untie these bands from off my hands,
  And bring to me my sword;
And there's no a man in all Scotland,
  But I'll brave him at a word.
    Sae rantingly, &c.

I've liv'd a life of sturt and strife;
  I die by treacherie:
It burns my heart I must depart,
  And not avenged be.
    Sae rantingly, &c.

Now farewell light, thou sunshine bright,
  And all beneath the sky!
May coward shame distain his name,
  The wretch that dares not die!
    Sae rantingly, &c.

麥飛生之別

別爾暗牢獄。
我生太不淑。
麥飛生命何蹙。
命盡前方之絞木。

看他甖甖來躑躅。
一何自在與超俗。
傍彼絞木下。
舞一周兮歌一曲。

死何足道一息卒。
任沙場血窟。
看他臨難無觳觫。
令我猶側目。

解我手兮雙縛束。
還我劍兮傷故物。
歎國中兮一人無。
惟彼氣兀兀。

身經百戰慣馳逐。
叛命冤殺戮。
言及此煎心曲。
仇恨無人復。

仰視皇天白日速。
別矣人間万物。
豈有懦名使污辱。
男兒無屈伏。

吳芳吉譯

蘇格蘭人

而尔曾與古代英雄

慘流血今日名王調遣

蘇格蘭诗人彭斯诗 張弛書於愛丁堡

Bruce's Address at Bannockburn

Scots! wha hae wi' Wallace bled,
Scots! wham Bruce has aften led,
Welcome to your gory bed,
      Or to victory!
Now's the day, and now's the hour;
See the front o' battle lour;
See approach proud Edward's power—
      Chains and slavery!

Wha will be a traitor knave?
Wha can fill a coward's grave?
Wha sae base as be a slave?
      Let him turn and flee!
Wha, for Scotland's king and law
Freedom's sword will strongly draw?
Freeman stand, or free-man fa'?
      Let him on wi' me!

By oppression's woes and pains!
By your sons in servile chains!
We will drain our dearest veins,
      But they shall be free!
Lay the proud usurpers low!
Tyrants fall in every foe!
Liberty's in every blow!—
      Let us do or die!

自由戰歌

蘇格蘭人。蘇格蘭人。
爾亦曾與古代英雄慘流血。
今日名王調遣。
願爾去彼沙場歸奏凱捷。

眼前已是日期。眼前已是時刻。
看前方殺氣沉沉鬱結。
看敵人已近。昂昂驕色。何去何從。
奴隸縲絏。

誰欲自甘叛逆。
誰欲自甘臣妾。
誰欲葬彼怯夫之墳側。
讓彼自生滅。

拔我自由之寶刀。
讓我一統之故國。
任爾興。任爾跌。
來從我。

去殺賊。
不聞人聲嗚咽。
不見爾子繼脅。
誓當傾我血管。

拯起吾民陷溺。
撻彼驕暴者顛。
自由惟血戰換得。
待我去。且訣絕。

吳芳吉譯